TRECE LECCIONES DE UN VIEJO MILLONARIO

LA MENTALIDAD DE UN TRIUNFADOR APLICADA A TU DIA A DIA

Copyright © 2020 Juan Carlos Hernández

Todos los derechos reservados.

ISBN:
9798575645580

SELLO:

Independently published

DEDICATORIA

Para el más grande sabio que he conocido. Me ha mostrado la belleza de la vida y la sorpresa del momento presente. Ha llenado mi mundo de amor. Mi hijo, Eros.

INDICE

INTRODUCCIÓN	*1*
LECCIÓN 1	*7*
"Consciencia de Riqueza"	*7*
LECCIÓN 2	*17*
¨Creer o Saber¨	*17*
LECCIÓN 3	*23*
¡Respeta tus dones!	*23*
LECCIÓN 4	*33*
¿Qué esperas de la vida?	*33*
Lección 5	*39*
Todos somos iguales, desarrolla tu potencial, estamos hechos de la misma materia.	*39*
LECCIÓN 6	*49*
Tus contactos no son mis contactos.	*49*
LECCIÓN 7	*57*
No pidas empleo, solicita ser socio, aporta valor.	*57*
LECCIÓN 8	*63*
Dejando volar mis miedos a 30 mil pies de altura.	*63*
LECCIÓN 9	*70*
La gente rica tiene empleados más inteligentes que ellos.	*70*

Lección 10	*77*
Ganar- Ganar	*77*
De la inesperada virtud de dar	*77*
Lección 11	*83*
Necesitas pulirte	*83*
Leccion 12	*90*
Disfruta del viaje igual que de la meta	*90*
Lección 13	*94*
El secreto del poder	*94*
Libera tus poderes ocultos	*94*

INTRODUCCIÓN

Si aún no eres millonario, exitoso y feliz este libro te interesa y puede aportar a tu vida las herramientas necesarias para que seas capaz de pensar, actuar y conseguir lo que te propongas como tal como lo han hecho las personas más extraordinarias de todos los tiempos. Por más de nueve años conviví todos y cada uno de los días con hombres líderes en su campo y que ostentaban el mayor reconocimiento a nivel mundial.

Hay lecciones de vida que solo puedes asimilar si te involucras directamente en tales circunstancias. Por ejemplo, si alguien pretende enseñarte como lograr tus metas y él mismo no ha vivido el proceso, difícilmente podrá transmitir sus conocimientos porque se reducen a puras teorías. Es como querer impartir educación financiera con tu cuenta bancaria en números rojos. El auténtico saber nace de la práctica, de la experiencia. Tal vez esta sea la base para que en el futuro puedas escoger mejor a tus maestros.

Te voy a presentar diversas llaves que bien utilizadas catapultaran tu vida de manera que solo pudiste haber soñado.

¿Qué pensarías si ahora mismo te brindarán la oportunidad de estar codo a codo con personajes que admiras mucho, que viene de un mundo completamente diferente al tuyo? ¿Qué tan alerta estarías para poder modelar su comportamiento y su mentalidad para finalmente obtener sus resultados?

Bueno, estas de suerte, todo ese trabajo lo hice por ti y lo pude documentar por muchos años, ahora te lo presento para que saques todo el partido que quieras. Aquí esta destilada la sabiduría de la vida misma que muchos solo pretenden poseer como algo inalcanzable. La mejor prueba de que funciona es mi vida misma. Si alguien común como yo solo provisto del incasable deseo de aprender y de mejorar su vida lo pudo conseguir, créeme tu puedes lograr mucho más.

Presta atención a las lecciones que siguen y aplícalas como si tu vida dependiera de ello y recuerda no son teorías, son la vida que rodea a los millonarios y si tu meta es ser uno de ellos comienza por no ser tan incrédulo. Primero, aplica todo lo que pueda funcionar en tu vida y no dejes que tus creencias limitantes te digan que no funcionan para ti.

Recuerda esas creencias limitantes te han llevado hasta donde te encuentras. Si eres millonario y feliz adelante, vas por buen camino, si aún no…podrías empezar por cuestionar tus creencias.

En los siguientes capítulos viene detallada a manera de historias cada una de las lecciones del viejo millonario, mantienen un orden cronológico y mi propia evolución acerca de ver la vida y mis circunstancias. Es así como encontrarás un proceso por el cual atravesé durante varios años, desde mis primeras impresiones hasta lo último que aprendí de esos magnates.

En cada lección del viejo millonario está incluida la revolución interna que necesitas para pasar a la acción, justamente por este motivo he incluido actividades que te impregnaran de dicho impulso necesario para pasar de puras filosofías a hechos tangibles y recursos que inmediatamente puedes poner en práctica.

Te digo que aquí encontrarás todo el conocimiento que necesitas para convertir tu vida en la abundancia que siempre has soñado. Lo único que te pido es que leas de forma apasionada cada lección. Adéntrate en la atmósfera de los hechos, siente en todo tu ser lo que trasformara tu naturaleza de ver la vida y el dinero.

Vuélvete rico y poderoso como lo mereces de una vez y para siempre y vive como has estado soñado, pero no te atrevías a experimentar,

Si compartes ese anhelo pasa a la acción y por lo que más quieras realiza cada una de las actividades en todas las lecciones. Recuerda que es la única forma de aprender realmente algo, solo si te involucras y lo experimentas por ti mismo. Si no, solo seguirás filosofando acerca de la riqueza que algún día prometes alcanzar. Te aseguro que tu vida jamás volverá a ser la misma y al ver los maravillosos resultados obtenidos lo único que lamentaras es no haber comenzado hace mucho tiempo.

Para mí ha sido una revolución poder descifrar los secretos que hacen que un hombre triunfe y otro navegue tímidamente en su zona de confort. Si tienes el valor suficiente para transformar radicalmente tu manera de ver la vida, el dinero, el amor…todo y dar ese gran paso que impulse tu ser hasta que exijas de ti mismo explotar todo tu potencial y poner a tu servicio todos los recursos de los que dispones ahora mismo, justo en este momento.

No es necesario esperar toda una vida para vivir tus sueños, despega desde donde te encuentras, transforma y crea tus circunstancias y mira oportunidades donde antes solo veías desgracias.

Demos juntos el primer paso que pondrá en marcha tu fábrica de sueños que se encuentra averiada hace tiempo, fabriquemos juntos tu futuro y mejor aún empecemos por agradecer y vivir plenamente tu presente porque en él se basa toda tu existencia. Despeja tu mente, libérate de viejos paradigmas y mantén una receptividad en lo que estás a punto de leer y recuerda todo lo que has intentado no funciona y lo que funciona no lo has intentado. Nos vemos en el primer capítulo del resto de tu vida.

LECCIÓN 1

"Consciencia de Riqueza"

Cómo es posible conseguir algo en tu vida sino eres consciente de ello. Esta es la razón por la cual muchas personas son conscientes de la pobreza y no pueden ver más allá, para ellos las oportunidades no se presentan, los tiempos no son buenos, la incertidumbre gobiernas sus vidas. Como sabrás hay muchos tipos de riqueza: financiera, mental, espiritual, familia... El propósito de este libro es que tu consciencia se expanda hasta que seas próspero y abundante en todos los aspectos de tu vida.

En mi primer encuentro con el viejo millonario ocurrió una explosión en mi manera de ver la riqueza. Antes solía pensar que después de varias vidas o generaciones familiares podrían mis nietos tal vez gozar de algunos frutos que con lágrimas y sudor yo sembraría durante toda una vida.

Durante mi infancia veía como mi familia hacia grandes sacrificios y los resultados eran muy poco alentadores: seguíamos viviendo en la carencia. Solía escuchar de mi padre en tono de frustración que lo mejor era ya no hacer nada porque en determinado año la tierra llegaría a su fin junto con la humanidad.

En la infancia somos muy receptivos y en esa época queda configurada la mayor mentira que podemos experimentar en esta vida: pensar que somos nuestro entorno y que pertenecemos a la gente que nos rodea. Esto es lo peor que le puede suceder a un ser humano, identificarse con su situación sea cual sea, aunque sea maravillosa. El punto es el mismo, si sientes que eres tus posiciones o logros de la misma manera permaneces errado en tu forma de ver la existencia porque pierdes tu individualidad y formas estructuras mentales que no dejaran moverte desde donde te desarrollaste y lamentablemente no solo hablo del dinero sino también del amor, la libertad, la confianza en ti y todas las cualidades que te hacen ser único y tan natural como tu esencia misma. Todas las maravillas que eres las has dejado a un lado por identificarte con un medio que ni siquiera tu elegiste.

Le has puesto muchos nombres para no llamarlo engaño. Algunos le dicen personalidad, profesión, vocación y los más osados dicen que es destino.

Sin importar tu situación actual qué podrías decir que realmente han sido tus decisiones. Hacia dónde te has orientado verdaderamente y que no sea algo que hiciste pensando en los demás o porque eso se esperaba de ti, en fin qué has hecho para cumplir las expectativas de otros. La lista sigue tanto como has vivido. Si te identificas con un coche, un trabajo, según lo que hay a tu alrededor.

Esa es historia de casi todas las personas que se sienten limitadas e impedidas. Por supuesto este era mi caso. Según lo que aprendí de mi familia y donde crecí nuestra vida solo valía para trabajar arduamente, tener sólo lo suficiente para sobrevivir y ni hablar de tener grandes ambiciones de hecho, esa palabra era muy mal vista: "no seas ambicioso" el dinero es malo, el dinero te transforma, el dinero te vuelve loco. No somos conscientes de lo que transmitimos con estos comentarios y de qué manera afectamos a nuestros hijos al hablarles de esta manera.

Mi primer pensamiento al conecer al magnate lo recuerdo perfecto, al admirar toda una vida de éxitos y de fortuna: la vida de un genio, algo que revolucionó mi manera de ver la vida. Fue una pregunta sútil y poderosa por si misma: qué tendría que desarrollar en mí para ser exitoso, próspero, abundante y millonario en todos los aspectos de mi vida. Estaba claro que un titulo Universitario no haría mucho. Había pasado por varias universidades y en ninguna me mencionaron cómo conseguir lo que ahora me proponía alcanzar.

De hecho, mi visón se había limitado al entrar a la Universidad. Recuerdo que tenía grandes sueños que poco a poco iban muriendo de la mano de las lecciones de mis profesores.

Por fin, me salí de la universidad justo a tiempo antes de graduarme y quedando aun en mi algo de creatividad, lo suficiente para no pensar de forma cuadrada y dar todo por hecho.

Al principio no veía con mucho rumbo mi vida más que estudiar todo lo que llegaba a mi referente al comportamiento y potencial humano. Era una pasión natural que emergía de mi como mi propia necesidad de conocerme y entender el por qué de mi situación limitante y la falta de resultados.

Fue por esa época que conseguí un empleo de cuidador-asistente personal de adultos mayores, algunos en su domicilio otros ya en asilos. Tuve la gran oportunidad de escuchar de primera mano la historia de personajes de talla mundial tanto del ámbito empresarial como académico. Ya en una edad madura, con la sabiduría de una vida llena de éxitos y sin prejuicios. Confirmaban muchas teorías del éxito que solo había leído en best sellers pero también redescubría nuevos enfoques que los autores han pasado por alto. Así transcurrieron casi diez años de experiencias e historias impregnadas de triunfo, sed insaciable de ganar y que los colocó al frente del área donde se desenvolvían cada uno de estos personajes.

Superado el shock inicial, mi tarea era acompañarlos a los viejos millonarios en todas sus actividades diarias. Y me confirmo algo muy poderoso: si lo tienes en tu consciencia lo puedes lograr.

Uno de loa primeros días por la mañana me acerque y al notar mi presencia me miro fijameante y me pregunto: sabías que existe Relojes de cientos de miles de dólares.

Respondí algo turbado: si claro, seguramente también existen relojes que cuestan millones de dólares.

Me ofreció otra mirada penetrante y continuó: lo crees, solo lo crees porque lo has escuchado o leído. Pero qué te parecería si en este momento te regalara un reloj de más 37 mil dólares?

Woow me bolo la cabeza. Algo significaba tener una idea o una información acerca de lo que es un sueño. Pero era completamente diferente el sentimiento de poseer algo. El poder que proporcionan los inminentes acontecimientos es casi indescriptible.

Lo vendería - respondí meditativamente - pagaría mis deudas, compraría una casa pequeña a orillas de la ciudad y un carro modesto para viajar cómodamente a mi trabajo.

Veras - me dijo - ahí tienes lo que representa para ti la riqueza: seguridad, comodidad seguir en el promedio y cuidarlo con todo lo que puedas.

Continuo preguntando - Si le hago el mismo regalo a uno de mis amigos del club. ¿ Qué te imaginas que haría?.

Ponerlo junto a otros relojes de su colección - conteste poco sarcástico.

Probablemente haría eso, pero un hecho seguro es que no haría lo mismo que tú.

Tu consciencia acerca de la riqueza te indica que te mueves en la escasez. Cuidando todo, con miedo constante a la perdida.

En una frase: cuidas los centavos y desperdicias tu enorme potencial. Piensas que es fácil perderlo y poco probable ganar mucho más.

La **consciencia de riqueza** te manifiesta que en esta existencia hay suficientes bienes para que todos podamos vivir abundantemente, sin apuros financieros y con una actitud de agradecimiento y generosidad hacia cada persona.

Ya hemos sido moldeados en la infancia por los acontecimientos y las personas que nos rodeaban. Nuestras creencias y paradigmas financieros ya están dirigiendo nuestra vida continuamente.

Para romper estos estos esquemas que gobierna nuestra actitud ante el dinero necesitamos exponernos a nuevas realidades, sentir cómo es la vida de abundancia de los millonarios, como ellos han trascendido lo que aparentemente parecía imposible.

Cuando nos adentramos a estos niveles de consciencia a través de libros, seminaries y mentorias llegamos a desarrollar la mentalidad de un triunfador y resistir los embates de las circunstancias y saber qué podemos ser felices, prósperos y abundantes en todas las áreas de tu vida.

Algo que revoluionó mi mente y que genero cambios poderosos en mi carácter fue que al final de cada lección y cuando el viejo magnate sentía que empezaba asimilar la lección por completo me decía: ¡Perfecto, ahora ya no es tu creencia, ya comienzas a saber por ti mismo!

Es clara contariedad de realidades. Necesitamos eliger la que más nos dé poder, la que más nos satisfaga, la que nos lleve más cerca de nuestros sueños dorados y dejar a un lado las que nos empequeñecen y nos haga sentir débiles.

Ahora yo te digo… empiezas a saber por ti mismo, ya no solo son creencias, toda la riqueza llega a tu vida. Por este motivo necesitas pasar a la acción en la primera actividad y dejar que la abundancia dirija tu vida.

Actividad 1

*Lee biografías de hombres exitosos.

*Si conoces a alguien que ya haya consigo lo que deseas intencionalmente pasa más tiempo con él.

*Frecuenta lugares donde suelen llegar o pasar tiempo los millonarios.

*Empápate de su comportamiento.

*Observa cómo manejan las dificultades.

*Presta atención cómo resuelven su día a día.

*Por lo que más quieras en este proceso modifica tu manera de pensar acerca del dinero y de la abundancia y siéntete merecedor de la riqueza que veniste a disfrutar este mundo.

Tenemos un breve momento en este planeta para autorrealizarnos y compartir con nuesto entorno y en el proceso vivir en la abundancia.

LECCIÓN 2

¨Creer o Saber¨

Es sorprendente como la gran mayoría de las personas se manejan por creencias limitantes. No averiguaran la validez y la manera en qué su vida se encuentra gobernada por dichas creencias. Un día muy temprano, hice alrededor de treinta llamadas. Buscaba averiguar números recientes del negocio. Teníamos promedios y aproximados de otras fechas y en mis creencias con eso era suficiente. Pero al experimentar la persistencia de mi jefe vi la gran diferencia entre mi mundo y el mundo de él. Para mi aveces eran suficientes suposiciones o simplemente creer en ello para dar el siguiente paso. Nunca vi a alguien tan empecinado en los detalles hasta llegar a saber completamente un tema y archivarlo para futaras consultas y solo así regrasar a ocuparse de otros asuntos. No dejar que algo interfiriera entre su búsqueda de ese saber.

Desarrollar la habilidad de permanecer completamente enfocado en el tema hasta darlo por resuelto y correctamente organizado.

Estoy convencido que la diferencia entre creencia y saber son uno de los lenguajes que no entendemos de gente que vive en la riqueza y gente que vive en la escacez. En ocasiones que mi jefe hablaba con personas que no entendían nada de lo que les estaba explicando. También era su traductor, al pasar casi todo el tiempo del día con él aprendí a conocer lo que estaba buscando y hasta que momento quedaría conforme con los resultados. La gente que no le entendía hablaba el mismo idioma pero a su vez no podían entenderlo. Ahora acepto que ellos estaban n una realidad completamente diferente.

Hablando concretamente cómo había crecido, a mi alrededor las principales dificultades que afronta la gente pobre es que su visón de la vida es totalmente distinta. La forma en que ellos se sienten y las limitaciones con las que se ven asi mismos son muy evidentes. Suelen ser creencias como: No puedo permitírmelo, tengo que hacer esto a aquello, es una de la más communes. No hay de otra, esto nos tocó así, mientras así, después vemos.

Ya me lo merezco, hoy como rey mañana como güey; está aún retumba mis oídos, la escuche más veces de las que hubiera querido durante mi infancia. Los ricos son malos, para eso trabajo para darme estos lujitos, es tranza pore eso tiene dinero, creo que así sucederá, es negrero por eso tiene lo que tiene … no es bueno tener socios te roban, es rico porque le vendió su alma al diablo, el mundo se va acabar para que quiero dinero.

Y la lista sigue casi al infinito. Lo más sorprendente es que muchas de estas creencias limitantes siguen vigentes justo en esta época, en la era dorada de la información y la tecnología de punta.

Cambia radicalmente tu lenguaje para que cambies tus paradigmas y finalmente redefínas tus futuro.

Observa la contraparte de una vida llena de abundancia:

Quiero hacer esto o aquello.

Estoy convencido que lo lograré.

Si no funciona tengo el plan B, C, D, E…

Mis planes los perfecciono, mis objetivos son inamovibles.

El dinero es un medio excelente, me proporciona lo que yo decida.

Si compras todo lo que quieras, qué harás con lo que en verdad necesitas.

El futuro es tan importante como el presente.

Lo sé, yo mismo lo averigüé.

Si claro, hagámoslo.

Un socio es una gran alianza.

Podemos continuar pero es suficiente ilustrar lo qué pasa por la cabeza de un millonario y un pobre. Este contraste era un continuo maestro mientras convivía con el magnate. Al llevar a cabo mis tareas con los conocimientos adquiridos en mi mundo prácticamente me hacia pedazos, no era fácil asimilar las dimensiones totalmente diferentes en qué nos movemos las personas exitosas y las que están en el promedio. He de confesar en un inicio me costo mucho trabajo, dolor de cabeza y mucho estress entender cómo moverme en este esfera tan diferente ala mía pero poco a poco asimile este aprendizaje, lo ejecute y mis resultados has sido maravillosos y han crecido exponencialmente.

La actitud de no detenerte hasta obtener los resultados deseados obrará milagros en tu vida. Durante más de una década lo viví y lo aprendí de los mejores en su campo y estoy convencido que funcionará en ti, ya funciono en mi.

Y si decides creer en algo y darle poder a algo que sea esto: tienes los recursos internos y todo el potencial para ser imparable. Enciende el motor de tu abundancia y despega al éxito hoy mañana y siempre.

Actividade 2

Escribe extensa y sinceramente que has escuchado acerca del dinero desde tus primeros recuerdos hasta el día de hoy.

Qué frases y creencias han dirigido tu comportamiento acerca de riqueza.

Qué piensas acerca de los millonarios.

Qué consideras que es tu mayor limitante justo este momento. Es real o tal vez solo buscas justificarte. Recuerda que los millonarios ven oportunidades, no dificultades.

Por último lee en voz alta tus creencias limitantes poniéndoles fin de una vez por todas. Toma la hoja de esas creencias limitantes y préndeles fuego lentamente. Mientras se carbonizan y antes de que se extingan siente como te liberas desde hoy y para siempre de esos condicionamientos, llega a ti un gran poder y tomas las riendas de tu vida.

Haz una promesa sincera a ti mismo: buscaras la manera de mejorar constante e infinitamente y en ese maravilloso camino ayudarás a tanta gente como puedas.

Qué sientes cuando escuchas la palabra abundancia. Tu eres la abundancia, respétala como te respetas a ti mismo. Escribe qué nuevas creencias y paradigmas acerca de la riqueza decides adoptar, de qué manera te harán sentir mucho más amplio y elevarán tu vida al siguiente nivel. Anota algo positivo que contrarreste cada una de las creencias que antiguamente te limitaban.

LECCIÓN 3

¡Respeta tus dones!

Ten el coraje de seguir tus sueños. Algo fundamental que distingue a los hombres y mujeres exitosas es que sin importar la edad a la que decidieron hacer sus sueños realidad tuvieeron una enorme determinación de seguir adelante a pesar de lo que ocurriera en su entorno, a pesar del sufimiento, a pesar del cansancio y de lo aparentemente imposible de sus tareas. Estos seres humanos comparten el más grande respeto por sus dones y cultivan pacientemente sus sueños hasta hacerlos una realidad tangible, los entrelazan con su día a día, es decir, ellos no se dedican soñar, ellos viven su sueño.

Y ya te digo que no depende de la edad. Uno de mis jefes millonarios a los 15 años sabía exactamente cual era su gran pasión, a los 21 ya era todo un éxito y a los 64 años aun disfrutando de todo lo que hacías vivía semi retirado como un magnate de talla mundial.

Aún en la época que lo conicí mantenia una gran pasión por todo lo que hacía y con un entusiasmo inigualble continuaba dirigiendo sus negocios a nivel internacional y todo nació con un sueño de adolescencia. Qué necesitas hacer para mantener la emoción de un sueño durante más de medio siglo. Una clave para que decidas vivir plenamente tu sueño: definitivamente, necesitas amar tu sueño.

Una situación totalmente contraria es la que vive la gente pobre. Ellos justifican su falta de acción, ellos creen que su entorno los limitó y los más extremos piensan que fue Dios o la estrella bajo la que nacieron lo que ha causado su ruina financiera; sin mencionar sus desgracias familiares y desaveniencias con medio mundo.

Para hablar de casos concretos, pon atención en la manera de justificarse de la gente que ha evitado pasar a la acción: mis padres no me apoyaron, mi familia me limitó, la sociedad esta hecha para mantenerte así, mi religión no me lo permite, mi herencia genética me determina, no soy de buena familia, no he tenido la oportunidad, no tengo dinero para arrancar, el signo de mi horóscopo dice que nací en la crisis financiera, etc. Esto se extiendo hasta el infinito solo para describir que no tuvieron las agallas de respetar sus talentos y de amar sus sueños.

No decidieron hacer todo en consecuencia y vivir plenamente su sueño y sobretodo ser totalmente resposables de los resultados obtnidos por sus esfuerzos o por su inacción y es aquí donde radica la diferencia abismal entre la gente que vive en el promedio y los grandes triunfadores.

Otra característica importante de la gente pobre es quejarse de todo lo que le sucede, no tomar las riendas de su vida, se considera víctima de las circunstancias y de todo lo que ocurre en su vida llena de infortunios.

Es algo que consciente e inconscientemente manejan a la perfección los triunfadores. En las conversaciones con el viejo millonario cuando él caía en cuenta de que había algo de queja o pesimismo en la oración súbitamente replanteaba su enfoque y cerraba comentando: no me estoy quejando para nada. Esa es la fuente de su poder: saber que están al mando y si en el camino algo les sorprende sabrán afrontarlo y obtener la mejor experiencia de tal situación.

No ven un panorama desalentardor, ellos ven de frente un brillante futuro y se prometen no retroceder ante nada.

Los millonarios se toman muy enserio sus sueños, confían en sus dones y los ejecutan con maestría.

Por otro lado, la gente pobre no está segura de sus sueños, aveces no son los de ellos, son de la familia, de la pareja o de la gente que los rodea. Pretenden cumplir expectativas ajenas y equivocarse lo menos posible para no hacerlos enfadar. En Consecuencia, se consideran limitados e impedidos y el futuro les deviene muy gris con pocas o nulas posibilidades. Por ello no es de sorprender que el 99 por ciento falle en la realización de sus sueños. Esto genera lo que yo llamo el círculo perdedor: expectativas ajenas+pesimismo+malas de decisiones=perdedor

¿Qué pasaría si sintieras que nada puede detenerte? Si en tu mente no hubiera espacio para el fracaso, si no por el contrario, estuvieras dispuesto a utilizar cada ocasión para potencializar tú existencia, reconocer tus dones, desarrollarlos constantemente y ponerlos al servicio de los demás. Ahí nace la diferencia entre ganadores y perdedores. **La suma de tus esfuerzos diarios y la visión clara de tu objetivo momento a momento te traerá la victoria y coronará tu persistencia.**

Se necesita un gran corazón y mucho valor para realizar tus más preciada ambiciones.

Estamos en un medio hostil que no permite te desenvuelvas con libertad como es tu naturaleza.

Las personas a tu alrededor no están listas para verte brillar. ¿Y cómo lo sé?. Porque es el caso de la inmensa mayoría, sino fuera así el 99 por ciento de la gente ya estaría viviendo plenamente y es exactamente lo contrario. En general, la sociedad no está lista para respetar tú libertad. Sí, ellos antes de tú libertad y de tu felicidad te exigen tus obligaciones, las imposiciones que de han suministrado durante toda la vida, entonces con todo esto cómo puedes sentirte libre. Cómo puedes gozar de lo que quieras y hacer a un lado lo que no te interesa.

Aún más profundo es la verdad que gracias a toda esta maraña que te heredaron no eres capaz de saber qué es lo quieres. Si te pregunto: Qué quieres de la vida. Seguro tus respuestas deambularán entre éxito, felicidad, paz, dinero amor… no sabes cuánto de esto ni siquiera es tuyo, son parámetros que te impusieron y los aceptaste como conceptos del bienestar y prosperidad que necesitas alcanzar. La pregunta se refiere a qué es lo que tú realmente quieres. No los demás, tu familia, la sociedad, tú clase social, rigion o las creencias ajenas. Qué quieres tu, que te haría lanzarte para.conseguirlo y continuar hasta obtener no menos de lo que quieres.

Esa determinación es el ingrediente principal en el cumplimiento de tus más grandes sueños. Desde hace mucho tiempo decidí hacer lo que yo quiero hacer y conseguir lo que para mí es mi mayor logro, cumplir solo mis expectativas, respetar mis dones, cultivarlos y ponerlos al servicio de los demás. No esperar aprobación, no mantener a alguien feliz a expensas de mi de mi felicidad. Mi vida cambio cuando entendí que la responsabilidad de vivir y ser feliz le corresponde a cada persona y la vez representa la mayor libertad invidual que se puede expresar en esta existencia.

Mi única responsabilidad es vivir de acuerdo a mis valores, a mis sueños y mi más grande propósito en la vida: vivir plena y completamente en sintonía con todo lo que nace de lo profundo de mi ser. Claro en el camino mucha gente ha intentado que cambie de ideas, que deje a un lado lo que estoy haciendo, en fin, que me conforme con lo que nos toco a todos y que actúe como la mayoría, eso me piden que no me atreva a soñar. Muchos me dicen loco, que vivo en otra realidad. Suelo contestar que si estoy loco: vivo en el mundo en donde todos los días disfruto mis más grandes sueños, me aportan felicidad, amor, paz y dicha.

Gracias a ese estado de ecuanimidad me permito ayudar, compartir a todo aquel que desee transformar su realidad. Prefiero ser un loco que vive su sueño a un cuerdo conformista sin sueños y ni aspiraciones. Te digo que es un gran reto. Pero para mi es la única manera de vivir. Para mi la otra opción es pasar dormido durante toda la vida sin atreverme a soñar por miedo al fracaso, conformarme con vivir desde la carencia. Hace mucho tiempo entendí que todos podemos vivir desde la abundancia porque este universo es abundante y la vida misma es la prueba que no existen las limitaciones, solo las que toman forma en tu mente, te dirigen y hacen que tomes tus decisiones día tras día.

Actividad 3

Escribe conscientemente todo lo que has soñado, qué nace desde dentro de ti y te empuja hacia la acción, qué pasión quieres desarrollar para finalmente ponerla al servicio de todos los demás.

Algunos puntos que te ayudarán a definir tu sueño:

*Es algo que puedes comenzar justo desde ahora, donde te encuentras ya puedes tener el valor de dar el primer paso. No necesitas una formación de 7 años para vivir tu pasión. Obvio, necesitarás mejorar habilidades y técnicas. Pero esencialmente tu pasión comienza desde el momento que decides desarrollarla sin importar las circunstancias o las personas que te rodeen, aquí y ahora ya puedes comenzar a vivir tu sueño.¿ O prefieres seguir viviendo dormido y en piloto automático?

***Tu sueño lo desarrollas a aquí y ahora.**

*Cuando seas millonario tu sueño sigue siendo igual de importante sino es así solo es un medio. No te equivoques, si solo quieres dinero, no aprovechar tus dones y ponerlos al servicio de los demás para recibir los beneficios de tales servicios, pues buena suerte recuerda la regla de causa - efecto. Necesitas enfocarte en la causa y los beneficios te seguirán como una sombra. Presta atención, ahora mismo ocurre lo contrario: ocupamos sólo un empleo como un medio para conseguir dinero que nos ayuda a aliviar la falta de energía por dedicarnos a algo que no es nuestra pasión.

¿Estás listo para vivir tu sueño? Escríbelo y mientras lo haces siente la emoción que nace desde tu ser más profundo, tus dones claman para que les entregues aliento de vida.

Ten el valor de apreciar cada una de las cualidades que el universo te ha regalado, desarróllalas, ofrécelas con creatividad al servicio de los demás y no volveras a pasar apuros económicos, tu energía crecerá

exponencialmente y por ultimo te preguntarás cómo pude haber vivido de otra manera.

LECCIÓN 4

¿Qué esperas de la vida?

Puedes esperar lo mejor o puedes sentir que ya has perdido. En el camino del triunfador una característica principal es la expectativa positiva. Es un impulso tan fuerte que los arroja al éxito de manera estrepitosa. Su modo de ver la vida los hace infalibles al fracaso. No es que las situaciones no cambien ni resulten cómo ellos esperaban, claro que no, pero independientemente de todas las eventualidades que pudieran encontrar en el camino su expectativa positiva acerca de sí mismo no es alterada. Es así como los millorarios esperan lo mejor y obtienen lo mejor. Se transforman en unos crédulos acerca de su éxito inminente.

Por otro lado, la gente que obtiene malos resultados estuvieron alimentando pensamientos negativos y una expectativa sombría acerca del camino que recorren rumbo al éxito.

Si no fue así, tendrán la energía suficiente para reponerse y seguir sobre su meta trazada.

Conservará el impulso natural alimentado por una expectativa positiva.

Tomando el sol en su muelle privado el magnate disfruta de un día veraniego en una zona muy exclusiva del país. Lo contemplo en silencio, sumergido en mil y un pensamientos. De repente, me mira directamente a los ojos y me pregunta: ¿Qué te gustaría estar haciendo en este momento?.

La pregunta me turba y contesto poco apresurado: me siento bien, el día es muy agradable. Tal vez…me gustaría nadar un poco.

Inmediatamente, respondió: adelante, hazlo. Sé que estás en horas de trabajo, pero adelante, trae tu traje de baño y nada todo lo que quieras.

Al notar mi poco entendimiento continuo explicándome: desde hace mucho tiempo, cuando me involucró en algo lo hago completamente. He descubierto que la única manera de hacerlo es que sea algo que te gusta, lo que quieres hacer y que no lo sientas como una obligación, que nazaca en ti de forma natural. Espera que todo salga bien sea cual fuere el resultado, todo lo que estába en tus manos lo has hecho ahora solo relate; acepta los resultados y has los cambios necesarios.

Continuo diciendo: yo puedo revisar números, cálculos, mejorando aquí y allá, pero no estaría aquí, disfrutando este maravilloso día y justo ahora esto es lo que quiero hacer en este momento.

Sentí el contraste, hace algunos pocos meses estaba en un medio donde la gente iba y venía regida por lo que debía hacer porque era su obligación. Estoy seguro que muy pocos se preguntaban qué era lo que realmente querían hacer. En pláticas con gente de mentalidad pobre solía escuchar cosas como: si hago esto o aquello me irá mal, no puedo permitirme hacer esto, tengo que hacerlo… y aun más sobrias eran sus expectativas, sentían que lo peor podría suceder, veían como algo inevitable su fracaso y que muy poco o nada dependía de ellos. Es una característica muy fuerte que rige sus vidas y depende de cualquier situación o persona menos de ellos mismos. Su fuerza de cambio es nula y tampoco se preguntan sí existe. Y por otro lado esperan mil situaciones que saldrán mal. El perdedor conoce todas las rutas al desastre y los triunfadores conocen todos los caminos al exito. Estas son las dos esteras donde te puedes mover, desarrollar y finalmente cumplir tu expectativa cómo si se tratara del cumplimiento de una profecía.

Se trata de un hábito desarrollado y todos somos responsables de nuestros procesos internos. No es necesario que culpes al medio que te rodea. Necesitas sentirte capaz de transformarte y en el proceso cambiar tu medio ambiente.

Durante los meses que pasaron presté más atención a la manera en que se expresan los triunfadores. Principalmente encontré que ellos mantiene una actitud positiva, un buen semblante frente al futuro y sin importar los resultados mantiene su enfoque en lo bueno que puede extraer de cada experiencia..

Esta actitud les permite atraer a gente que emana esa energía. Así es como llegamos a pensar que la gente triunfadora tiene un toque mágico y todo en su entorno parece prosperar. La personas que llegan al círculo de los ganadores habían hecho un esfuerzo por acercarse a esas personas. Las vibraciones que emana su ser hacen que el universo los apoye en sus más osadas decisiones y que mantengan el ritmo de su creciente triunfo.

Literalmente fui testigo de esta energía, cuando en quel tiempo el hombre más rico del mundo era rodeado por multitud, en una convención patrocida por una de sus fundaciones.

Había en el recinto unas 10 mil personas y en coffee break pude ver cómo la multitud se agolpa para saludarlo y eventualmente tomarse una foto. Eso lo que debemos comprender, es el poder de la energía, el poder del magnetismo. Cuando eleves tu vitalidad esa misteriosa fuerza te seguirá como tu sombra.

Actividad 4

Ejercitando la expectativa positiva.

Durante el día hay momentos claves que te darán el empuje si los utilizas correctamente y mantendrán tu enfoque el tiempo necesario para cumplir tus metas.

Durante la noche cuando tú mente se dispone a entrar en profundo sueño visualiza claramente los resultados que deseas, tal como quieres que se desarrollen tus planes; hazlo con ánimo resuelto como si estuvieras viendo tu película favorita, admira los detalles. Siente profundamente las emociones que se desencadenan al saber que tú éxito está asegurado.

Al crear y recrear lo que tú esperas de una manera positiva lograrás implantar en tu mente la actitud ganadora que necesitas mantener mientras tus proyectos fluyen, ademas te recargará de energía y sabrás que cada paso que realices lo haces con la convicción de ir en el camino de tu más anhelados sueños.

El otro momento clave es durante la mañana. Cuando tú mente está despejada, aún las ocupaciones del día no te han saturado y te encuentras con una apertura natural. Tomarás unos minutos para imaginar cómo quieres que se desarrolle tu día, qué decisiones te acercarán a la meta de tus ilusiones, en qué pondrás más atención y qué requiere mayor seguimiento para continuar tu camino hacia el éxito. Esto te dará el enfoque que necesitas día a día y te mantendrá bien dispuesto para tomar firmes resoluciones que te acerquen todos y cada uno de los días a tu proyecto de vida.

Lección 5

Todos somos iguales, desarrolla tu potencial, estamos hechos de la misma materia.

Era la noche de invierno más solitaria que había pasado desde hacía mucho años. Afortudamente el viejo magnate siempre tenía algo que plaitcar y me confeso la siguiente historia. En una ocasión se acercó una pareja joven, eran divertidos me dieron la impresión de que bromeaban acerca de mi aspecto. Se acercaron y me preguntaron casi al unísono: ¿Podemos tocarlo? Primero me dio risa, espere. Pero definitivamente esos chicos hablaban enserio. Si, Claro contestaron queremos saber qué se siente tocar a un multimillonario

Woow el tiempo que siguió pude recuperarme – dijo - Carlos tu y yo somos iguales. No creas que soy un superdotado, tenemos la misma energía, materia y las mismas funciones corporales, depende de ti mismo lo que consigas y lo que logres explotar solo está en tus manos.

Esta fue una de las más grandes experiencias que pude haber tenido en mi vida. Comprender en lo más profundo de mi corazón, convencerme por mí mismo que podía logra lo que quisiera fue la sensación más maravillosa que he logrado experimentar. Fue como si el Universo entero me gritara ¡despierta y comienza a vivir la vida que tanto has idealizado! deja de imaginarlo y comienza hacerlo realidad.

En el mundo donde crecí por más de veinte años escuchaba a gente lamentarse, mirar cómo dioses a los ricos y despreciar cualquier idea que les sugería que ellos podían pensar de manera diferente. Por defecto las personas creían que no podían vivir de otra manera. Incluso cuando les hablaba alguien como yo, alguien que venía desde ese círculo y había logrado trascender las barreras socioeconómicas aún así mostraban serias dudas acerca de redimir su condición social. Es cómo si tratáramos de comunicarnos y ambos habláramos idiomas totalmente distintos. Tenían mil puntos para rebatir y argumentos de sobra para justificar su situación actual y la falta de acción para cambiarla. En los casos más extremos ni si quiera estaban inconformes con su manera de vivir.

De hecho, se les notaba que disfrutaban como vivían tanto que jamás harían algo que pusiera en peligro su rutina diaria.
Esa determinación de saber que todos tenemos las mismas capacidades, las posibilidades de llegar hasta donde nuestros sueños y ambiciones nos conduzcan es la actitud más empoderante que podrás cultivar en tu camino al éxito. Si hay un deseo de tu corazón que te impulsa a buscar algo más de lo qué hay en tu entorno, algo más de lo habitual de donde creciste, si obedeces y eres fiel a ese impulso serás imparable. No dudes en ningún momento de tus capacidades porque la duda surge como una semilla, inocentemente se desenvuelve en tu mente. Al poco tiempo, cuando tú no te des cuenta estarás ante una decisión importante, crucial y te sentirás imposibilitado e impedido. **Vigila todo lo que dejas que entre en tu mente porque florecerá hasta dirigir tu vida por completo.**

En las esferas que se mueven las personas pobres suelen pensar que todo es estático. Tienen creencias acerca de la gente exitosa, piensan que siempre han sido así llenos de triunfos y que su camino ha sido relativamente fácil para ellos. Por otro lado, se miran así mismos limitados por sus circunstancias, soñando e idealizando eternamente.

No estan dispuestos a pagar el precio. Saben lo que significan sus proyectos, pero no están dispuestos a dar vida, sudor y lágrimas para llevarlos a cabo. Algunos más osados sienten que por solo esperar todo llegará a ellos, por parte de la divinidad o el destino tarde o temprano los favorecerá. Es extraño el comportamiento humano, pero de hecho es una realidad que todos los días somos testigos.

La vida de los triunfadores, de la gente que se respeta así mismo es la siguiente: ellos determinan lo que conseguirán, buscan los medios para realizarlo, averiguan las circunstancias que los favorecerán y si no las consiguen, las crean. Esta actitud llena su vida de un poder inmenso. Muy dentro sí elaboran una fortaleza que los hace aprovechar cada oportunidad que se les presente incluso donde la mayoría solo mira desgracia. Ese es el verdadero secreto del éxito no rendirse sin importar lo que encuentres en el camino.

Por eso es importante tener un gran sueño, un plan o propósito para tu existencia porque se convertirá en esa energía que impulsará todos tus movimientos para lograr todo en la vida. Te hará saltar de júbilo en la mañana y te mantendrá despierto por la noche hasta conseguir lo que te has propuesto.

Enfócate un momento en tu persona. Aparentemente no te falta nada. Tienes un cuerpo, sentidos, tus procesos mentales. Te has preguntado qué te detiene, qué hace que mantengas este ritmo de vida que en el fondo no te satisface y no es el propósito por el cual quisieras estar viviendo. Probablemente, de todas las personas que conoces muy pocos y de los pocos poquísimos reflexionan acerca de estas preguntas tan valiosas para su desarrollo y esa es la misma razón de que la sociedad se te haciendo pedazos. Ciertamente, todos tienen respuestas diversas, cada quien necesita ajustarlo personalmente y hacer introspección para dar con los puntos que liberarán todo su potencial. Un coaching, mentoria, lo que haga falta, pero no puedes dejar que algo te detenga. **Ninguna barrara es infranqueable excepto la que has auto impuesto.** Analiza en tus procesos mentales, en tus pensamientos más arraigados encontrarás lo que te frena y te dicta todas las rutas del fracaso y ninguna hacia el éxito. Tu mente te anuncia todo lo que saldrá mal y raramente te muestra resoluciones para que ejecutes lo necesario para lograr tus objetivos

En esta circunstancia como en ninguna otra nos volvemos esclavos de la mente, obedecemos lo que nos susurra.

Hacemos reales los miedos, ansiedades y dejamos que definan nuestro actuar. Ya sé lo que estás pensando: obvio prefiero mi seguridad, juguemos a lo seguro y ser precavido ante todo. Te cuento que lo que llamas seguridad no existe, menos riesgos no es seguridad, ya que en este mundo estamos expuestos a todo en todo momento, si empiezas a poner vallas a tu entorno por esa seguridad ilusoria terminarás sin salir de casa, acostado en tu cama, aferrándote a lo que te queda. Adivina, la cama es lugar donde más gente ha muerto.

Ejercita tu valor, **la audacia que requieren tus sueños se encuentra en tus manos.** Es una cuestión de actitud o tomas la tiendas de tu vida o dejas que todo tu entorno decida por ti. Al final, cuando te encuentres viejo y lleno de resentimientos podrás decir: por fin estoy vivo gracias a mi seguridad y precaución ¡oh sorpresa! has vuelto a caer porque lamentablemente no has vivido y sino vives plenamente tampoco podrás morir plenamente.

Actividad 5

Durante los próximos tres días toma 15 minutos y vas leer tres biografías que te dejaré a continuación. Mientras lees, analiza cómo estás personas lograron lo aparentemente imposible.

*Qué característica comparten.

* De dónde obtienen el valor para seguir y seguir hasta llegar a los resultados deseados. Piensa en ti mismo, qué te ha detenido o qué te sigue frenando. Sabrás que todo está en tu imaginación, si la **mente tiene ese poder también puede ayudarte para catapultar tu vida hacia el éxito, úsala para tu bien y que coopere contigo**, olvídate de la seguridad y

redefine tus metas pata vivir acorde con lo que es valioso para ti.

1.- Hellen Keller.

2.-John Milton.

3.-Julián Adem Chahín.

*Anota 5 creencias limitantes que has podido identificar y que te han detenido hasta este momento, pueden ser miedos pensamientos, negativos o cualquier idea que te mantiene en la inacción.

*Anota 5 ideas, paradigmas o creencias que te infundan poder sobre ti mismo, comprómete a tomar la iniciativa en dirección hacia tus metas y contrarresta de una vez y para siempre las ideas de carencia que te han llevado a tu situación actual.

*Fomenta el positivismo y pasa a la acción cuando antes. Anota 5 acciones definitivas que necesitas hacer desde hoy y que mantendrás hasta alcanzar tus metas. **Comprométete contigo mismo a tener el más grande respeto hacia tus sueños, tomar enserio lo que quieres lograr y lo que es importante para ti.**

LECCIÓN 6

Tus contactos no son mis contactos.

La gente suele decir: no es quién eres sino a quién conoces. Profundísemos en este tema. Realmente, en las relaciones humanas se desarrolla todo lo que puedes conseguir, somos seres sociables los aceptemos o no. Un hombre puede estar aislado y aun así en algún momento se verá involucrado por simples necesidades o porque su medio lo absorbe. Bajo esta verdad cultivar nuestras relaciones es uno de los principales componentes del éxito. Pero esto solo es la mitad del camino. Si ahora mismo te presento a un multimillonario que es reconocido a nivel mundial, qué harías, de qué manera cultivarías esa relación para permanecer en su agenda para futuras referencias. Bueno, es necesario enfocarnos en la idea que seremos muy bien recibidos si aportamos valor a esas personas.

No siempre se refiere a lo económico, para nada, aportar valor es identificar las necesidades de esas personas. Ya te digo que puede ser el millonario número uno del mundo y que aparentemente tiene todo pero no es así. Durante más de una década fui testigo de ello, al estar alado de las personas más exitosas de su tiempo comprobé que siempre había algo que hacer por ellos, descubrir una manera de hacer más ameno su día y siempre sin excepción era así. Algunas veces necesitarás más tiempo para identificarlas, prestar atanción y tener cierta pericia pero con la experiencia será más fácil identificar las necesidades de cualquier persona desde tu vecino hasta altos ejecutivos de transnacionales. Todos están en busca de algo que les aligere el momento presente, en general que los haga sentir el control de su vida y ser más felices.

En ocasiones para agunas personas esas necesidadses no son conscientes, pero su comportamiento, sus expresiones y su tono de voz están gritando: ¡ayúdame! Entrénate en identificar lo que puedes brindar a cada persona para posteriormente ofrecer este servicio de manera creativa. Eso te abrirá la puertas en todo el mundo.

Continuando con el viejo pensamiento, las personas suelen creer que al conocer a alguien estara disponible o los tendrá en mente en futuras ocasiones, lo cierto es lo contrario. La gente que te conecte con alguien agradécele. Él ya hizo su parte, de hecho, hizo mucho. Depende de ti abrirte camino, venderte a ti mismo, si te interesa la simple amistad o es por negocios de cualquier manera tendrás que hacer algo, no quedarte estático o permanecer pasivo porque al final ellos te recordarán por ese buen gesto que demostraste en la cita donde se conocieron.

Un grave error que cometí al principio cuando trabajaba con estas inminencias de los negocios y de la educación es creer que por estar a un lado de ellos cuando me presentaban no tenía nada que hacer. Me presentaron personajes que estaban en la cúspide de sus trayectorias, personalidades tan importantes que al mencionar su nombre todo el mundo los identificaría. Pero en ese momento no tenía el feeling por hacer buenas relaciones, carecía de esa experiencia para abrirme camino en este medio lleno de ganadores. Hacia justo lo contrario me sentía imposibilitando, muchas veces despreciaba mis propios recursos y no me valoraba en absoluto, es así como pase desapercibido.

En mi imaginación creía que por el hecho de haber cruzado palabras con ellos ya podía contarlos entre mis contactos, pero lejos de la realidad no había hecho nada por cultivar esa relación, por identificar sus necesidades y ofrecer la solución de manera creativa.

No tenía los conocimientos y la experiencia que acúmule tras varios años de repetir esas situaciones y comprender porque mi modo de vida era radicalmente diferente. Las respuestas comenzaron a llegar a mi una tras otra casi me invadían. Era testigo como gracias a una buena conversación, un tono de voz y amabilidad se lograba conseguir lo que en ese momento se habían planteado e instantáneamente mejorar su situación. Muchos triunfadores lo han hecho durante toda su vida, así que surge de manera natural desde su inconsciente. Otros necesitamos más práctica, empeño y después de varios esfuerzos logramos ser más naturales cons un tono que fluye. Algunas personas pueden obviar esto, decir que es fácil o no importa, tal vez sean expertos, no lo sé pero recuerda lo que te dije al inicio del libro: ¿ Ya eres millonario, feliz, próspero y abundante? Si cumples con esto mejor regala el libro a quien pueda sacar mucho más provecho. Y si aun no has cumplido nada de lo que mencioné no desprecies nada solo porque te niegas a intentarlo.

Ten el valor de probarlo, hazlo con consciencia que puede mejórarte a ti mismo y ayudar a los demás. Ocupa todo lo que te sirva y lo que no simplemente hazlo a un lado. **Prefiero que seas un crédulo multimillonario que siente que es posible todo lo que se proponga.** No me gustaría que fueras un incrédulo pobre, que sufrieras todo tipo de carencias y que dudara de todo lo novedoso y solo respeta sus viejos paradigmas. La decisión esta en tus manos.

La gente estará dispuesta a ayudarte en tus fuertes resoluciones y tu camino se enderezará para apoyarte si estás convencido de lo que quieres, si mantienes esa claridad en tus metas atraerás hacia ti todo lo que potencializara tus recursos internos y crecerá hasta abarcar todas las esferas en los ámbitos que te mueves. En cambio, la gente se siente desorientada ante los que carecen de objetivos y en consecuencia se notan confundidos. Cómo los podrías ayudar si ellos mismo permanecen en penumbras respecto a su desarrollo personal. Necesitas gran experinacia para identificar las necesidades que ellos mismos desconocen y al final lo único que podrás hacer es brindar las condiciones através preguntas adecuadas para ellos salgan de ese letargo ala acción.

Al final depende de ellos, tú solo cumples la función de toque clarinete para poner en marcha sus más preciadas ambiciones.

Durante mucho tiempo permanecí en esa sombra de la confusión, sin valorar mi verdadero potencial y como consecuencia desaproveche muchas oportunidades de conseguir lo que realmente queria. Mi vida tomó otro rumbo cuando decidí que no aceptaría menos de la vida sino era mi meta trazada o mucho más de donde quiera estar y por fortuna me puse el listón **jodidamemte alto** para no conformarme y siempre en búsqueda de algo mucho mejor en otras palabras: **mejora constante e infinitamente**. Con esa mentalidad aprovecharás las oportunidades que se te presente, tus contactos serán tuyos y no los de tu jefe o de tu familia. Entonces y solo entonces estarás dispuesto a brindar tu ayuda con creatividad y desinterés a cada individuo que identifiques que en verdad lo necesita y créeme más del 99 por ciento lo necesitan.

Actividad 6

Realiza tres llamadas importes ahora mismo, mientras mantienes fresca la idea de cultivar tus relaciones. Llama sincera y desinteresadamente. Pueden ser amigos, familia o algún contacto que tengas. La intención es que escuches lo que quieren decirte, presta atención a su tono, a su historia y capta en qué podrías ayudar. Ve agudizando tu sentido de percepción para que aprendas a escuchar entre palabras. Qué dicen los silencios, te suena absurdo, pero en los silencios descubrimos lo que buscan realmente las personas, es ahí donde podremos captar a voz en grito lo que necesita cada ser humano con el que nos encontramos. Solo saluda y escucha cómo se encuentra, no tengas otra intención más que cultivar tu relación y afinar tu empatía **poco atrofiada últimamente**.

LECCIÓN 7

No pidas empleo, solicita ser socio, aporta valor.

Este tema va de la mano con el anterior. De hecho, podrían ser sólo uno, ambos tratan de aportar valor a tus relaciones y a tu empleador o socio, de cualquier manera en los dos identificas las necesidades y las cubras ampliamente de manera creativa gracias a tus dones previamente explotados por ti mismo.

Una tarde de entrevistas. Llego un joven tímido, era la tercera persona que que se había postulado para la vacante. Estábamos atentos, con toda la energía de preguntar y conocer a nuestro nuevo prospecto. El momento clave fue cuando el joven dijo: gracias pero mi percepción económica es más alta. Para abreviar dijo esto y se marchó. Poco después me enteré que muy cerca de ahí había encontrado trabajo en un almacén por un sueldo muy similar al que le habías ofrecido.

Qué pasó, cuál fue la razón. Muy simple, al navegar sin propósito, tarde o temprano te atraparan las corrientes de las circunstancias y te llevan donde ellas decidan no tu.

Un diamante de aprendizaje me brindo los años de asistir a personalidades muy destacadas en todas las áreas que se movían, fue que no debes buscar un empleo cómo tal, bueno si así lo quieres adelante obviamente. A lo que me refiero es que si llegas con la simple propuesta: quiero un trabajo estable y un sueldo fijo con la trillada frase de posibilidades de crecimiento, raramente te sentirás satisfecho. Porque al final, habrá muchos factores que no manejas: el crecimiento de la empresa. las decisiones importantes, por no hablar de factores como el mercado y la economía, un sinfín de situaciones que podrían alterar tu empleo seguro, ya te aclare antes el concepto de seguridad.

Presta atención y observa la diferencia. Basado en el autoconocimiento y determinación decides acudir donde frecuentemente se presentan la circunstancias que te favorecerán. Consigues una entrevista, haces énfasis en tus potencialidades, desarrollas un plan de crecimiento exponencial para la empresa. Con la confianza en ti mismo dejas que determinen tu sueldo en base a tus capacidades y resultados.

Estoy seguro que cualquier líder quisiera a su lado a un persona con tal resolución y una joven promesa que emana tal brillo con sus palabras y confianza en sí mismo.

La diferencia es abismal. Primeramente, no pidas trabajo. Número uno, hacer eso equivale a llevar tu cuenco de mendigo, es como decir no tengo nada más que ofrecer. Lo mismo ocurre cuando alguien se presenta y pone un titulo por delante sí: soy medico, soy ingeniero, etc, lo que indica es que sólo tiene eso para ofrecer y por favor no le preguntes nada que no tenga que ver con este titulo.

Ese es el primer paso, además al no pedir empleo tomas el control de la situación, no te sientes presa de nadie, tu mismo estás tomando las decisiones, tienes las riendas de tu vida y el futuro te parece brillante.

El siguiente paso: puedes ser socio. No siempre se necesita dinero, **hay más dinero en la mentalidad de un triunfador que en su cuenta bancaria**, de hecho la cuenta bancaria solo es un reflejo de la riqueza de tu mente y de la riqueza de tu ser. Si tienes ideas frescas y un enfoque claro de tus aptitudes puedes lograr lo que te propongas. El dinero solo es un pretexto para no entrar en acción.

Las alianzas están dispuestas para todos los seres humanos y son la base del progreso en la relaciones comerciales y el crecimiento económico a nivel mundial.

Por último y la mirada global de esta idea es aportar valor, conocer el medio donde te vas a desenvolver: Hacer numeros, investigar, hacer lo que sea necesario para hallar lo que puedes mejorar en ese mercado. **Tu propuesta de valor será la bandera que ondea en tu currículum** no los miles de trabajos que has tenido. De ahora en adelante, qué capacidades tienes, qué tan bien te conoces, cómo es tu manera de responder en diversas situaciones. Eres capaz de continuar a pesar del cansancio, a pesar de la frustración y de la falta de resultados y la pregunta del millón: **¿ eres capaz de continuar a pesar de la comodidad?** Cuál es tu determinación acerca de lo que quiere conseguir en la vida.

Todas estas cualidades se aprenden y todos somos responsables en cierto nivel de ejecutarla en nuestro beneficio. No es necesario que delegues esa responsabilidad, decide desde el conocimiento de ti mismo para que puedas llegar a donde quieres y no volver a depender de los viento fortuitos.

Por el contrario, aprenderás a crear las condiciones que deseas para tu mejor aprovechamiento hacia la abundancia que tanto te mereces.

Actividad 7

Has una lista de tres lugares donde pudieras desarrollar tus habilidades, donde te puedes desenvolver aportando valor. Para cada opción que elijas conoce a fondo a qué se dedican, qué necesidades tienen, qué puedes mejorar, qué posibilidades de crecimiento tienen y que potencial puedes ver claramente

Mantén clara tu mente y no decidas por cobardía, elige con gran valor porque se trata de tus planes A, B, C y son los mínimos que debemos tener, todos encaminados hacia la meta de tus ilusiones. No decidas desde las limitaciones ni veas imposibilidades. Sueña mientras investigas y **siente como la energía recorre tu cuerpo y eres capaz de hacer**

todo, absolutamente todo lo que desees firmemente. Después de este análisis realiza un proyecto basado en tu propuesta que aporta valor.

Preséntala con creatividad y considerando el capítulo anterior de forma que averigües las necesidades que tienen tus entrevistadores. No te desanimes, sea cual fuere el resultado todo te ayuda a fortalecer y perfeccionar tu persistencia. **Continúa potencializando tus recursos y recuerda mejorar constante e infinitamente** y mientras los haces el universo se despliega apoyándote de mil maneras, solo necesitas el enfoque adecuado para apreciarlo.

LECCIÓN 8

Dejando volar mis miedos a 30 mil pies de altura.

Durante mucho tiempo he cultivado una actitud basada en una frase que se me ocurrió en uno de los primeros viajes al extranjero en jet privado. Lo recordaba de esta manera, cuando la gente llegaba a mi asustada y con algo alarmante que decirme, la ocupaba como un mantra para mantenerme enfocado y recibir la noticia como debía. Solía decir para mi y muchas veces en voz alta: sabes, hace ya algún tiempo a treinta mil pies de altura en un jet privado con una copa champaña de mil dólares deje volar todos miedos y cada vez que siento que llegan recuerdo ese momento. Recibía la noticia, la asimilaba y me imagina en la suite de dos mil dores la noche donde me había hospedado y estos recuerdos me relajaban de tal manera que podía tomar decisiones claramente y sin temor alguno.

Considerando que sin importar el resultado lo aprovecharía, continuaría mejorándome, seguro de que mi actitud definiría todo lo que experimentará en cada ocasión.

Ocurrió por la mañana, en el traslado del aeropuerto al hotel 5 diamantes, el mejor de la ciudad. Al notar mi mirada perdida en el paisaje, tal vez se notaba mi nerviosismo por llegar a semejante lugar. Trato de clarificar mis atormentados pensamientos. Me miro abriendo los ojos todo lo posible y me dijo: solo necesitas llegar como si fueras dueño del lugar. Tu actitud lo es todo, te tratarán como tú dejes que te traten. Le conteste con la confusión habitual a la que me llevaban sus lecciones que poco entendía en ese momento: claro la acctitud…

Al verlo bajar de la limusina lo entendí. Al dirigirse hacia el lobby parecía otro hombre, no era el mismo que hace menos de cinco minutos entabló una conversación importante para mi. Sus movimientos y expresiones faciales notaban una confianza e irradiaban una seguridad nacida desde si mismo, no eran falsas pretensiones, claramente emanaba una vibra y sus palabras resonaban alrededor suyo. Por fin, capté que ese era el auténtico poder, sin gritar, sin alterarse, sin decir quién era, la gente se daba cuenta que se trataba de una figura de autoridad a tomar en cuenta.

Un experto, sabrá Dios que más pensaban, pero la gente le cedía el paso, eran amables y cooperaban de una forma agradable en todas sus solicitudes, no encontraba resistencia, todo contribuía a las resoluciones de sus planes, hablaba y he aquí la gente en verdad escuchaba.

Cuando adoptamos una actitud de desvalimiento y preocupaciones por el simple hecho de vivir, es decir, sin responsabilizarnos si quiera de nosotros mismos, cómo nos van a confiar otras resoluciones, si estamos perdidos en qué podemos ayudar.

Enfócate como un láser en lo que realmente quieres de la vida y serás imparable. Y ningún poder extraño o fuerza tirara de ti. Encontrarás que las personas te ayudan cuando tienes clara la meta hacia donde te mueves.

En ocasiones te has sentido un triunfador cuado lograste algo, un verdadero reto ¿Qué sensación se apodero de ti? ¿Pensaste que nada podía detenerte? ¿Te sentiste invencible? ¿De qué se contagió cada fibra de tu ser? En ese momento eras capaz de lograr todo, absolutamente todo lo que quisieras.

Sería maravilloso que pudieras usar ese poder a voluntad ¿No lo crees?

Tengo excelentes noticias para ti. Puedes utilizar ese poder cuando quieras. Al final de este capítulo haremos un ejercicio que te enseñará a manejar esa energía a tu antojo.

Algo que necesitas entender es que esta en tus manos, sólo tú controlas la actitud ante todo lo qué pasa. Es un proceso que aprendes a manipular conforme practicas, te mantendrá en marcha cuando sientas que tu energía baja y te ayudará aumentar la capacidad para llegar donde antes solo soñaste. Me ayudo a mi, dejando volar mis miedos a 30 mil pies de altura. Tu también tienes un sentimiento, recuerdo, algo sucedido que te empodera y te hace sentir invencible. Otra gran noticia, si no recuerdas una sensación así no te preocupes, puedes crear la emoción que quieras y obtendrás la fuerza que necesitas para afrontar todo lo que te acerca a tu meta.

Piensa que eres un director de cine y vas crear la vida tal cual la quieres y modificarla a tu antojo. Esto no es simple filosofía, es realmente posible, la realidad es moldeable a nuestro antojo y está esperando a que le demos forma de lo contrario ella le dará forma a tu existencia y te sentirás presa de las circunstancias.

Actividad 8

Busca un lugar tranquilo, sin ruido, donde puedas pasar unos 20 minutos solo.

Comienzas sentado en una postura cómoda. Relajado, toma este tiempo para ti solo, deja tus pendientes para después, ahora estás tú y vas a trabajar para mejorarte, recuerda, para ser la mejor versión que hasta ahora conoces de ti mismo. Qué sientes cuando no quieres continuar con tus proyectos, qué sentimiento te frena, qué imágenes pasan por tu mente, qué visualizas de tal manera que decides dejar de hacer lo que te acercará al éxito. Tal vez sea algo que escuchaste, algo que viste y ahora se filtra a tu presente y hace que creas que no vale el esfuerzo para seguir con tus metas, solo ten presenten ese evento que te frena ahí déjalo presente.

Por otra parte vamos a recordar e intensificar ese sentimiento de poder que llegó a ti al concluir una meta, ese sentimiento de fuerza imparable que nació en ti. Eso que te permitía sentir un poder que recorría cada fibra de tu ser, escucha tu diálogo interno, qué te dijiste: soy bueno, soy el mejor, sabía que podía lograrlo.

De qué manera te felicitaste, sigue creciendo ese sentimiento, vuélvelo a vivir intensamente. Hazlo crecer, primero crece mil veces, mil veces potenciliza tu vida y te sientes imparable. Después cien mil veces crece, ahora te has convertido en pura energía, literalmente capaz de todo. Eres una fuerza transformadora, mil millones veces más fuere que el sentimiento original. Te consideras un creador de tu realidad, diseñador de tu vida y destino. Sabes que todo está en tus manos y te consideras que puedes lograr prácticamente todo lo que quieras. Brevemente, recuerda ese sentimiento qué hizo detenerte y no seguir con tus sueños, es como un grano de arena comparado con el poder que has desarrollado al descubrir que tu potencial crece y crece infinitamente hasta absorber completamente ese sentimiento que alguna vez te detuvo y por último se desvanece.

Ahora cada fibra de tu ser está impregnada de ese poder transformador de tu realidad y sabrás que puedes recurrir a él voluntad.

Cuando venga a ti el desánimo o pesimismo harás uso de **este tremendo poder y recordarás que es tan grande como el universo mismo y que al igual que tú está hecho de la misma energía que las estrellas.**

Siendo esto así, tu éxito está asegurado, relájate y disfruta del viaje en esta maravillosa vida que te ha toca en este espléndido momento de la existencia. **Deja que tu poder moldee tu realidad tal cual te plazca, solo enfócate en aumentar ese poder infinitamente, eso es empoderante, eso es ser imparable** y siempre ha estado contigo esperando a que hagas uso de él.

Realiza el ejercicio una o dos veces al día y mantén esa energía durante todas tus actividades. Tu eres el director de cine y el actor principal de este drama que llamas vida. Puedes modificar a tu antojo el recuerdo que más eleva te energía. También puedes crear eventos a placer, sometiendo y disfrutando lo que quieras de la manera que desees, el único requisito es que sean **sensaciones que potencialicen tu existencia, que te hagan sentir invencible.**

LECCIÓN 9

La gente rica tiene empleados más inteligentes que ellos.

Contrario a la gente pobre los ricos están convencidos que su equipo necesita estar compuesto de gente con grandes capacidades, nuevas ideas y que sean líderes en su campo y por supuesto, no escatiman en pagar obviamente basado en los resultados.

En una ocasión fui testigo de ello. Un colega de edad mediana competía en la empresa para llevar a acabo una campaña de posicionamiento de marca. Tenía un proyecto al parecer muy solido con buenos fundamentos. Desafortunadamente, conociéndolo mejor dejaba mucho que desear su manera de vivir: su mentalidad no estaba en concordancia con la imagen que nos vendía en la oficina; vivía de una manera muy desordenada, limitada y en general, pobre, sin un cuidado mínimo en sus ambiciones, no había que ser un genio para saber que no estaba viviendo su sueños y por lo tanto paracía haber dejado a un lado su proyecto de vida hacía mucho tiempo atrás.

Ese mismo día tomamos esa decisión. No continuaría al frente del proyecto.

Después de la reunión mi jefe me pregunto: a quién le confiarías tus finanzas. -A uno de los mejores bancos que conozco. Respondí

Perfecto, vas bien y hablando de asesores financieros conoces a alguien bueno en ese tema. No estoy seguro, comente.

Yo si lo conozco y el tiene tanto dinero como yo, me asesora. Crees que ese tema tan fundamental se lo dejaría a alguien que no tiene idea de lo que hace o que no haya tenido los resultados que busco. Por supuesto que no, jamás, nunca ocurrirá eso. Respecto a este chico, si claro, se nota que tiene iniciativa. Adelante, pero se nota que algo de esto que predica no lo ha aplicado a su vida, si no puede hablarnos desdes su conocimiento se queda en pura filosofía.

La gente que rodeaba a este viejo millonario tenían grandes capacidades, de hecho eran también en el ámbito personal muy amables atentos y líderes natos en su campo. Todo esto hacia que una energía revitalizante envolviera la atmósfera de las reuniones del dream team. La renovación se lograba con la propia energía que del viejo millonario emanaba. Podía comunicarse de manera tan efectiva que a veces solo con aljgunas expresiones corporales y entonces todo el equipo giraba entorno a esa energía para cumplir efectivamente las metas trazadas por este magnate.

Después de estas experiencias fácilmente noté el contraste con líderes de mente pobre y que no habían logrado trascender sus propias limitaciones. Su manera de contratar al nuevo personal siempre era la misma sin importar que habláramos de un alto ejecutivo o un gerente venido a más, todos compartían la mentalidad de pobreza tan arraigada en la mente del 90% de la población. Tomaban grandes decisiones desde sus carencia, limitaciones. Confiaban trabajos importantes a personas que apenas conocían, que no habían tenido tiempo de conocer a fondo, de saber sus gustos, ambiciones y todo el potencial que podrían aportar a dicha empresa si pudieran haber sido canalizadas, desarrollarse y finalmente dar frutos en abundancia.

Su Método siempre era el mismo: revisan. Currículum, experiencia laboral, referencias, actitudes, etc todo lo básico. Lo peor es que la percepción económica decidía si se quedaba o no. Unos dólares decidían si se quedaba o no. Sin considerar si quiera su aporte o actitud ante la vida. Eran tan superficiales y esta es la razón de encontrar personas en puesto que apenas pueden desempeñar, no disfrutan su trabajo porque lo sienten impuesto sin considerar su verdadero potencial. La receta para el desastre que siguen estos empresarios es repetida infinitamente.

Tienen la filosofía: ahorra lo que puedas, paga lo menos posible. Por otro lado el trabajador: hazlo lo menos posible, permaneces lo más que puedas. Es un sistema viciando que empieza por la consciencia del empleador y de la persona que busca una ocupación. Primero, enfócate en lo que quieres de la vida y donde desarrollar tu pontencial. Te ayudará leer nuevamente los capítulos 5 y 6 de la presente obra. Una vez aclarado esto se sentirán como pez en el agua porque buscarán medios que favorezcan su propósito y no dejarán que los arrastren las aguas negras del pesimismo que conduce al infortunio.

Aun es peor en los pequeños negocios, la gente que arranca de esta manera al no tener la visión empresarial terminan siendo sus propios empleados, sin tiempo libre, ocupándose de asuntos triviales y que no se les escape un solo detalle, desconfiando de los empleados. Una receta para el desastre. En lugar de concentrarse en expandir el negocio, convenios, contratar gente que lo expanda. Juegan a lo pequeño: ahorrando al máximo e invirtiendo lo mínimo, es más "para qué contratar a alguien si yo mismo puedo atender mi negocio" Déjame te digo algo: si haces eso no estás hablando de tu negocio, se ha convertido en tú empleo y nuevamente le has puesto precio tu deseada libertad.

Suena inverosímil pero justo ahora en el florecimiento de la tecnología y el conocimiento tales absurdos siguen ocurriendo. De tal suerte que puedes estar viviendo así. Presta atención, sigue los pasos de este libro, haz los cambios necesarios y recibe la abundancia que mereces, que todos merecen.

Actividad 9

Esto te ayudará a mejora enormemente tus relaciones interpersonales y si tienes gente a tu cargo será muy potente en tus manos. Suena sencillo pero ejercitando, aplicado a tu día a día obrara milagros. Despreciamos lo sencillo y amamos lo complejo pero aprende esto de una vez la vida es simplicidad. El hombre lo ha deseado, enfocarse en lo complejo porque eso lo hace sentir importante y dispara su ego hasta el infinito, pero la complejidad de la vida solo se encuentra en quien la mira de esta manera. Así que adelante ejercita esta actitud y espera milagros.

En tu día a día, con tu familia, con tu pareja, con tus empleados vas enfocarte en las dones o potencialidades de cada uno de ellos. Dejarás de prestar atención a cualquier, error falta o lo que consideres que merece una reprimenda.

Cada vez que sientas el deseo de hacer un ajuste, antes de que alguna palabra salga de tu boca recuerda: enfócate en lo bueno, por favor enfócate en sus dones. Todas las personas tienen dones y algo que ofrecer ala vida. Si lo aprecias de manera correcta lo conseguirás ver. Primero, entrénate, al principio es poco difícil pero poco a poco tu visón cambia y es más sencillo apreciar todo el potencial de cada una de las personas que te rodean. El milagro ocurre que al crear esa atmósfera todos estarán bien dispuestos a cooperar contigo y ayudarte en tus fuertes resoluciones. Crearás lazos permanentes y las personas desearán pasar más tiempo contigo, dejarán de evitarte y mutuamente elevarán su energía vital… Recuerda enfócate en los dones y potencialidades, deja aún lado lo negativo.

Lección 10

Ganar- Ganar

De la inesperada virtud de dar

Ahora mismo cuándo fue la última vez dejaste una propina que al verla el mesero dijera wooow que agradable sujeto. Eso sin mencionar de las personas que no te ha prestado servicio alguno y sin embargo se acercan a ti en busca de ayuda. A cuántas personas has auxiliado sin esperar nada a cambio.

Los millonarios tienen una mentalidad de ganar-ganar. Saben que si los demás ganan, si su entorno prospera es una ley inevitablemente que ellos se verán beneficiados y aunque ese no es el motivo por el cual lo hace, al contrario es una genuina ayuda la que ofrecen y de esta manera directa y segura viven rodeados de abundancia.

Qué contraste se vive en el día a día. Cuidando los centavos y despilfarrando tu abundancia.

Al negarte dar desde tu poder de dar y ganar-ganar mandas señales al universo que la carencia es tu modo de actuar, que no esperas mucho y lo que más deseas es ir pasándola bien o mal pero jugando a lo seguro: si yo gano los demás no me importa mucho. Es así que nos sorprende encontrar a un hombre que no necesariamente se paró en los hombros de alguien para encumbrarse al éxitos, sino que al contrario un camino de gratitud y ayuda fue dejando a su paso, sembrando con esto abundancia. En la cual ahora mismo se sigue desarrollando en él ese estado de riqueza que a otros les parece inverosímil.

Algo muy marcado es la forma en que se colapsan los pobres por gastar o por no racionalizar sus egresos . Primero, siguen el impulso natural de sus emociones: quieren satisfacer emociones a través de comprar esto o aquello en buca de llenar algo imposible de hacerlo con cosas materiales, han mordido el anzuelo. Después el ciclo se refuerza con sentimientos de culpabilidad por haber ocupado ese dinero que pudo haber ahorrado.

Algo muy diferente ocurriría si decidieran desde su poder y de la magia de saberse abundantes.

Ser conscientes que viven en un universo tan basto que pueden recibir lo que ellos dan, en otras palabras, solo pueden obtener lo que ellos generan: abundancia o miseria, está en sus manos, ellos son los creadores de su realidad, lo acepten o no.

Personalmente prefiero sentir mi futuro en mis propias manos y que sea cual sea el resultado lo aprovecharé de alguna manera para llevar a cabo mis planes y conseguir mis propósitos de vida, eso me llena de poder y me ha llevado a los mejores resultados de mi durante décadas.

En ninguna ocasión, nunca jamás al ir a un restaurante con mis jefes miraron los precios de la carta o preguntaron por un costo en especial. Esa actitud tengas o no dinero potencializara tus dones y te hará sentir la abundancia misma de la vida.

También en los pequeños detalles puedes sentir ese poder, no necesariamente en algo muy costoso, en lo que inviertas en tí pon atención en el hecho de que te mereces eso y más. Puedes tener si quieres relojes de miles de dólares, mereces comida riquísima y una vida en abundancia. Ahora que te convenciste de eso sal a buscar todo absolutamente todo lo que esta esperando por ti..

Claro, esos detalles no te descapitalizan. Si ocurre que por darte lo que te mereces quedas en la quiebra te estas engañando, estás contradiciendo la ley universal de la abundancia. Primero, siéntete merecedor de toda la abundancia. Vívela disfrútala y a partir de ahí decide la vida que quieras y cuando gaste en ti disfrútalo y dí: me lo merezco y voy por más. Eso mantendrá tu impulso y tu atención en no conformarte con menos de lo que puedes obtener de la vida.

Una vez que has experimentado la abundancia en ti mismo la brindarás a todo tu entorno. Esta actitud determinará si vives en un mundo de carencias o en un mundo de abundancia.

Detalles cómo donar, regalar reforzarán tu gratitud. Es el ciclo que inicia la magía ganar ganar

Actividad

Sal a comer algo que te guste mucho, no te fijes en el precio y disfrútalo como debe ser porque te lo mereces y porque llegará mucho más a ti. Eres la abundancia que te mereces, viene hacia ti toda la riqueza y dicha la cual esperas. El universo rebosa de riqueza, depende de ti que llegue , si te sientes capaz de tales riquezas de una manera directa y segura ellas llegarán a ti tan cierto como hay estrellas en el cielo.

Siendo esto así, solo tienes esta vida, vívela plenamente y disfrútala como te lo mereces. Los dones que la vida te regalo serán los medios para conseguir lo que quieras a través de ofrecer tu servicios con gracia y creatividad, es entonces que comprendes que la prosperidad siempre ha estado contigo, que habías quedado atrapado en un sueño olvidado y ser feliz y abundante ha sido y siempre fue tu divina naturaleza.

Lección 11

Necesitas pulirte

El arte de la mejora constante e infinita.

Era una mañana muy agradable el olor a café que tanto disfruto era el ingrediente perfecto. La conversación no podía ser mejor, el era fundador de una de las mejores universidades del mundo, llevaba algunos meses asistiéndolo, pero sentía que éramos viejos amigos. Nuestros temas de conversación eran tan amplios como la revolución francesa o la filosofía griega. Específicamente esa mañana discutíamos acerca de las obras de Jean-Jacques Rousseau. Justo cuando pensaba que la charla había terminado, sentí su mirada y después en un tono agradable preguntándome: sabes cuántos jóvenes de tu edad han leído a Rousseau. Ni hablar pensé y no contesté antes de que el me dijera te sorprenderías si lo averiguaras.
    Continuo narrando una historia muy personal. Años después de que se había

casado, en una plática con la madre de su esposa.

Me contó que recibió el mejor consejo que había escuchado porque lo despertó del letargo que lo habían llevado tener una vida llena de éxitos incluso a una edad muy temprana. La señora le expresaba que tenía acumulado en su haber todos los títulos y honores que un joven a su edad sólo puede soñar, aún así continuo la mujer, no te adormezcas por todo lo que has conseguido. Te falta pulirte, tienes una gran trayectoria, has fundado una de las mejores universidades del mundo, tienes doctorados en el extranjero y perteneces un grupo muy selecto de académicos de todo el país. Aun así puedes y necesitas pulirte, seguir puliéndote.

Me explicó: aquella conversación cambio mi manera de enfocarme en mis éxitos y cómo dicen no dormirme en mis laureles, en definitiva, mejorar constante e infinitamente. Ese impulso natural asegura todas tus victorias y te dará la persistencia para coleccionar éxitos durante el resto de tu vida.

Después palmeó suavemente mi espalda, me dijo con voz firme pero agradable: eres un chico muy inteligente para tu edad, sabes lo que muchos ni si quiera se pregunta, eres muy despierto y tienes gran pasión por el conocimiento. Aun así te digo que te hace falta pulirte, aun puedes seguir brillando si te perfeccionas y crees firmemente en tu potencial serás imparable.

Pude notar un dejo de melancolía en aquel triunfador de edad avanzada, una añoranza que poseemos aquellos que somos maestros natos, un sentimiento profundo que nace desde nuestra alma cuando estamos convencidos de transmitir algo verdaderamente de valor y sobre todo cuando logramos conectar con alguien receptivo capaz de aplicar y que cree firmemente la enseñanza que recibe. Nunca fue tan cierto en mi vida más que en ese momento la verdad absoluta: cuando el alumno está listo aparece el maestro.

Hay momentos claves en mi vida que redefinieron mi percepción de la realidad, hubo cambios cuánticos que provocaron una revolución en mi espíritu, que ahora después de más de una década que emprendí ese viaje fascinante en busca de los últimos recursos de desarrollo y potencial humano me parece que nunca pudo haber sido de otra manera. No solo el destino, sino algo mucho más poderoso, creador de mi propio futuro y diseñador de mi vida tal cual la quise.

Hay un despertar cada vez que asimilamos las lecciones de la vida y la forma en que el universo nos da señales, si tienes una apertura natural también tu las captas, brotará en ti un poder inmenso que te hará ir en pos de lo más grande que has soñado; yacía en ti pero no te atrevías a escuchar los susurros de tu alma anhelante, ahora posees el valor, los ánimos resueltos y eres imparable.

Una de las más grandes virtudes entre ganadores y perdedores es trabajar con ímpetu. Los triunfadores no se conforman, no ven su carencia por el contrario el ellos notan su potencial lo explotan y como resultado viven en la abundancia.

No te cónfundas, ellos si son muy agradecidos con su presente, con lo que han conseguido, no se quejan pero también son sumamente conscientes que se puede mejorar todo el día, todos los días.

Esa actitud natural que emerge de ellos les da la entereza de reponerse ante un aparente fracaso, notar las oportunidades ocultas detrás del aparente caos. La gente los ve y se sorprende creen que tienen algún don, literalmente les llaman hombres que tienen el toque mágico. Lo más osados dicen que le vendieron su alma al diablo. Claro, no es mala idea, digo que provecho les has sacado a tu alma mejor véndela pero de esta manera: cada vez que estes cansado, vende tu alma; cuando estes frustrado, enojado, sin ánimo, deprimido, ansioso, en fin, cada vez que te sientas limitado para continuar tu camino hacia el éxito deshazte de tu alma: véndela, alquílala, en fín, pártete el alma, pero continúa y da el salto al siguiente nivel porque tu victoria está asegurada, si tienes la fuerza necesaria.

Actividad

Anota tres habilidades que has postergado por falta de entusiasmo, miedos o ideas sin fundamento en tu propia experiencia. Pueden ser tan básicas como aprender conducir un automóvil o tan empoderantes como aprender un idioma.

Analiza qué ta ha frenado, por qué has decidido no seguir puliéndote y estancarte en las aguas de la monotonía, sé sincero y redescubre que el límite son tus antiguos paradigmas, ideas preconcebidas y temores autoimpuestos. A estas alturas ya eres consciente que nada de esto es real y que todo absolutamente todo lo puedes moldear y perfeccionar en tu mente y de esta manera clara y segura ejecutarás con maestría tus más anhelados proyectos.

Comprométete contigo mismo a no rendirte jamás, a no desalentarte y huir sin haber conseguido tal cual anotes y describas dichas habilidades. Especifica el nivel de logro que quieres alcanzar en cada actividad. No te conformes con menos de lo que mereces y recuerda: tú llegarás a ser aquello que planees ser ´´**sé realista; planea un milagro"**…Osho

Leccion 12

Disfruta del viaje igual que de la meta

> "Un negocio tiene que envolver, tiene que ser divertido y tiene que ejercitar los instintos creativos."
> Richard Brandon

Una risa escandalosa venía del jardín perfectamente cuidado, lo encontré admirando unas flores de un morado bastante estrambótico. Al llegar hasta el viejo magnate sagaz y encantador me recibió con una amplia sonrisa y con una menos amplia pregunta. Cuántas flores observas-me dijo. Son 24 le contesté. Exacto, la misma cantidad de ayer. Muy curiosa y satisfactoria la exactitud de la naturaleza.

Había pasado muchas veces por ese jardín, unas mil tal vez, pero no me había detenido a observarlo. Me pareció más vivo, más verde y las flores más intensas. Pude ver la importancia que prestaba a los detalles y la genuina diversión con que lo hacía. Estaba claro, este hombre no solo disfrutaba de su vida completamente también le parecía muy agradable el camino hacia el éxito que se había trazado y no se veía ni sombra de aburrimiento, siempre, siempre estaba encantado por el simple hecho de estar presente en el momento actual, decidió hacer lo necesario para lograr sus objetivos.

Es algo maravilloso cuando enfocas tu mente en algo esto se expande y puedes abarcar tanto como quieras de tal suerte que dicen que la mente es infinita, así de infinita son tus posibilidades de vivir de éxito y abundancia.

Cuando empiezas a vivir en el ahora: disfrutando tu trayectoria, dedicándole tiempo, amor, vida, esperanza y optimismo el universo ayuda a tus planes. De nada sirve conseguir el éxito si fracasas en otras áreas de tu vida, puedes ser un ganador en todos las ésferas de tu existencia, de hecho, solo así mereces el titulo de triunfador. Todos los líderes que conocí durante este tiempo hasta el día de hoy, los verdaderos ganadores tienen sus pies plantados fírmenme en el presente, su anhelo y esperanza en un futuro prometedor. Sí, la vida brilla por sí misma, respondiendo momento a momento a esta existencia.

Y como resultado observé que no se fatigan o terminan odiando lo que hacen porque ellos están viviendo su sueño y sobretodo lo mantienen divertido. Con esta actitud llegan hasta los altos mandos de su autoconocimiento y explotan su verdadero potencial, viviendo del servicio de sus dones hacia todos lo demás.

Estás maravillosas personas han entendido al igual que tu y yo lo haremos que la vida es un juego y la única manera de ganarlo, conquistarlo y ser pleno; es el mejor y único camino real y verdadero: divertirse en el juego de la vida.

Puedes obtener lo que quieras o lo que sientas que necesitas, al final son deseos y aversiones, solo eso te mantiene entretenido en esta vida, pero si mientras lo haces eres infeliz, aburrido o monótono, has errado en el blanco y has perdido lo más valioso que tenías y que afortunadamente no tiene precio: ser feliz durante lapso que tengas en este hermoso planeta.

No puedes diseccionar la felicidad y pretender encontrar una receta para llegar a ella, hacer esto solo te enloquecerá. Vivir momento a momento agradecido y enfocado en tu propósito, es un camino por si solo que te conducirá ala dicha que solo llega con la abundancia y una actitud de vivir plena y totalmente en el momento presente.

Actividad

¿Estás listo para aprender a vivir? Durante mucho tiempo hemos estado actuando en piloto automático aunque creamos que estamos alerta la verdad es lo contrario, cada día procuramos hacer lo del día anterior, con los mismo hábitos, las mismas expresiones, en fin, pareciera que ya tenemos el itinerario y somos muy rigurosos respecto a cómo comportarnos en el día a día.

Esta actividad te abrirá los ojos para comenzar a vivir realmente, prestar atención a tu entorno y enfocarte en lo positivo.

Vas a tomar media hora para caminar puede ser en la mañana o en la tarde, lo importante es que seas constante durante los próximos diez días. Vas a tomar una caminata ligera, si por el momento solo cuentas con diez o quince minutos puedes empezar así como tú lo decidas. Mientras caminas no escuches música y no tengas otro distractor, disfruta de tu caminata, hazlo conscientemente, captando los sonidos, olores que llegan ti, el viento que rosa tu cara, todo los detalles que pasas por alto al ir corriendo todos los días. Valora cada instante que pasas vivo y exprime el jugo de la vida momento a momento. Esto te ayudará a relativizar tu tiempo y tus energías para enfocarlo en actividades más fructíferas y no solo descubrirás tu silencio interno, sino que te sentirás renovado y la energía jamás te faltará; emanará de ti tal vibración que te sentirás invencible.

Lección 13

El secreto del poder

Libera tus poderes ocultos

Te felicito, nuevas bendiciones han llegado a tu ser, has recorrido un camino muy arduo, las actividades y las ideas que has experimentado obraran milagros en ti desde este momento. Has logrado la persistencia que forja a los triunfadores, demostraste el poder que yace en ti, olvidado.

Yo mismo he atravesado ese valle desolador de la mediocridad y he vivo para contarlo. Pude ver de frente mis limitaciones auto impuestas y he dejado a un lado las amarras del miedo y la incertidumbre que hace mucho tiempo estropeaban mi verdadero potencial.

Ahora yace en ti la belleza de responder a tu llamado, averiguaste qué espera de ti la vida y has llegado a la conclusión de lo que puedes ofrecer atreves de tus dones a manera de servicios hacia todo el mundo.

Esas ideas giraban en mi mientras les daba forma, por un lado ponía en práctica todo esto y por otro me impacientaba por la falta de resultados. Ya tenía las herramientas suficientes, el deseo enorme y la necesidad de triunfar en la vida.

Algo me detenía, faltaba un empuje, como cuando despega un cohete espacial y la mayor cantidad de energía la utiliza en los primeros momentos, al despegar despide un gran poder para llevar acabo su cometido. Así me sentí despegando, encontrando resistencia en todos mis intentos, hasta que de súbito llego a mi el ingrediente perfecto: el secreto del poder. Y llego a mi en forma de calamidades una tras otra.

Primero perdí mi empleo que creía infalible y con ello un jugoso ingreso al cual ya me había más que acostumbrado y todo en plena crisis económica global. Para continuar los negocios que emprendía avanzaban muy lentamente. Para agregar a todo esto mi familia pasó por la peor crisis hasta ese momento experimentada.

De súbito llegó a mi como un rayo y cimbro mi ser, al ver una fotografía de mi hermana mayor. Ella recorrió conmigo toda mi infancia, pasamos por aventuras que apenas puedo creer que hayamos sobrevivido. Al ver la situación que nos había orillado la vida otra vez me sentí vulnerable y lo peor es que siendo adulto no pude proteger nuevamente a los que más amo. De niño me lo perdone porque estaba en una condición indefensa pero de adulto para mi era un gran fracaso, hizo sangrar mi corazón y en ese momento me hice consciente del poder.

Es imposible que acumules poder sino sabes para que lo usaras. Si milagrosamente lo acumulas te hará pedazos y tu entorno igualmente quedará fragmentado.

Te convertirás en un súper estafador, lo peor te estafaras a ti mismo. El poder solo tiene significado en las manos correctas fuera de ello solo es apariencia de poder.

Cuando tuve esta visón me hice una promesa tan firmemente que resonará en la eternidad: jamás por ningún motivo, bajo ninguna circunstancia volvería a caer víctima de la frustración y el desánimo. Elegiría mi destino e iría a conseguirlo si fuera preciso hasta el fin del mundo. No volvería a dejar desprotegidos a los que más amo. Tomaría tan enserio mi éxito que todos los días sentiría esa vulnerabilidad que me perseguiría por el resto de mi vida y el único camino para salvarme sería mi auto realización

Esta determinación me valió replatearme mis valores, mis metas en el camino para llegar a mis propósitos de una manera tan clara como el amanecer de mi primavera existencial. Desde mi tierna infancia recuerdo que goce de una libertad encantadora y la gente que me rodeaba creía completamente en mi potencial. Durante mis años de universidad y en los empleos que siguieron a esta etapa todo mundo me repetía: eres muy inteligente, tienes gran potencial, eres muy dedicado y responsable, atributos así me dirigían mis jefes y allegados. Entonces qué pasaba conmigo, que no veía resultados. Tenía las herramientas y mis habilidades desarrolladas pero no despegaba mi éxito.

Mi error estribaba en no tener claro para que quería el poder, para que iba a dedicarme a mi pasión en la vida. Faltaba el ingrediente principal: el secreto del poder.

Si te has propuesto algo desde tu corazón, pero no tienes el enfoque para que lo quieres conseguir deambularás y serás arrastrado por la aguas frívolas de la mediocridad. No tendrás el empuje natural que necesitas para esforzarte, para persistir, para intentarlo una vez más: ese es el verdadero secreto del éxito

Cuando definas el para qué quieres acumular poder, el cómo se resuelve solo. Necesitas saber de qué manera lo liberarás y a quien beneficiarás. En ese momento se desenvolverá desde tu interior absolutamente todo tu potencial de una vez y para siempre y serás imparable.

Cuando comprendas la capacidad de la influencia que puedes conseguir serás capaz de reestructurarte tal como te plazca con inigualado poder y gracia que emana de ti, rediseñaras la vida a tu alrededor, amarás cada momento de la vida, serás llenado de bendiciones y al fin y al acabo comprenderás que todos nosotros estamos cumpliendo nuestro divino propósito. Por ello, compartimos la más grande cualidad que tenemos: somos creadores perennes de nuestro destino, forjadores de nuestra libertad y que resonaremos en la eternidad.

Actividad

Toma unos minutos para asimilar la lectura, relájate y siéntate cómodamente. Vas hacer introspección acerca del poder que buscas conseguir en esta vida. Siente cual es motivo principal, llena tu entrañas con ese sentimiento y que se quede arraigado ahí. Piensa en quienes vas ayudar y de qué manera y por favor no te fijes en el cómo, solo piensa en quien ayudaras una vez que llegues hasta donde te has propuesto. Escribe detalladamente todo lo que has experimentado y cada vez que sientas un revés de la vida acerca de tus proyectos recuerda todo lo que experimentaste en este ejercicio, y llévalo en tu corazón por el resto de tu vida. Porque para lograr todo lo que te propongas en este universo,, esa es la fuerza que necesitas.

www.ingramcontent.com/pod-product-compliance
Lightning Source LLC
Chambersburg PA
CBHW070803220526
45466CB00002B/519